SOCIÉTÉ

DU

BIEN PUBLIC.

RÉGLEMENT

DE LA

SOCIÉTÉ

DU BIEN PUBLIC.

ANGERS.
IMPRIMERIE DE CORNILLEAU ET MAIGE.
1848.

Toute réunion, toute association d'hommes, suppose des principes communs, un lien commun, un but commun et des moyens communs pour arriver à ce but.

Les principes proclamés en 1789 par la nation : principes scellés en 1830 du sang de la nation, et reconquis en 1848 par la nation sur la fraude, l'iniquité et l'usurpation : Ces principes de liberté, d'égalité, de fraternité —, la Société du Bien public les adopte, les maintient, les proclame.

Le lien commun de la Société du Bien public, c'est le besoin qui rapproche, le contact qui cimente, la sympathie qui confond et absorbe en un seul intérêt, tous les intérêts de l'humanité.

Une constitution gardienne et protectrice des droits de l'homme et du citoyen, et des lois politiques et civiles en harmonie avec la Constitution; la sécurité, la prospérité, la grandeur et la force de la République : tel est le but commun de la Société du Bien public.

Le pouvoir a des devoirs, le citoyen a des devoirs et des droits. Une surveillance que ne décourageront ni les obstacles, ni les mauvais vouloirs, ni des insinuations odieuses : des avis bienveillants ou sévères, selon les hommes et les choses : au besoin, une intervention calme, et désintéressée : la manifestation libre et spontanée, au grand jour, devant tous, en vertu des droits de tous, des purs sentiments du bon, du vrai, de l'honnête et du juste : manifestation que nul pouvoir, quelle que soit son origine et le caractère dont il est revêtu, ne peut étouffer sans crime et avec impunité, au cœur de l'homme et du citoyen : la modération, c'est-à-dire la force intelligente, la force qui prévoit et pourvoit, la force qui sait ce qu'elle veut, ce qu'elle peut, et quant et comment elle peut vouloir : modération, conciliation, surveillance, avertissements, publicité : tels sont les moyens communs qui sont en aide à la Société du Bien public pour arriver au but commun, au lien commun, au principe commun : Principes, lien, but, moyens qui tous convergent en un centre commun,

LA LOI,

La loi, égale pour tous; la loi acceptée, promulguée, sanctionnée par tous : la loi, impassible, immuable, incorruptible,

Et au-dessus de la loi, au-dessus du pouvoir, au-dessus de l'homme,

LA NATION SOUVERAINE, la nation, c'est-à-dire la volonté, l'action, le droit,—le droit inaliénable, imprescriptible, éternel.

§. La Société du Bien public ne reconnaît ni grands ni petits, ni faibles ni forts, ni riches ni pauvres, ni serviteurs ni maîtres. Tous les citoyens sont frères, et tous les enfants de la même mère sont citoyens. A charges égales, droits égaux.

La Société du Bien public ne repousse pas, elle appelle. Elle ouvre ses bras à toutes les intelligences, à toutes les sympathies, à toutes les volontés bonnes, à toutes les aspirations généreuses.

Du droit procède l'unité, et l'unité est la force des peuples.

La Société du Bien public n'est point une opposition, elle n'est point un système : elle est un principe.

Mais comme tout pouvoir, de quelque source qu'il émane, tend par sa constitution, à l'empiétement, à l'envahissement, à l'absorption des libertés publiques, la Société du Bien public, sous peine de n'être pas ou de n'être plus, se tient en dehors des influences administratives ou municipales. Sa mission est d'éclairer la marche du pouvoir, et non de se traîner à sa remorque. Elle agit dans sa sphère, indépendante et libre, à côté de lui, sans lui, malgré lui peut-être.

La liberté dans l'ordre, la liberté dans la vérité, la liberté dans la justice : tel est le cri de ralliement de la Société du Bien public.

La Société du Bien public ne traduit point les hommes à sa barre. Elle ne scrute point les intentions. Elle voit les choses. Elle pèse, elle apprécie, elle juge les actes; elle accepte, elle repousse, elle combat les résultats — loyalement, sans animosité, sans haine, selon que les uns et les autres lui semblent bons, inopportuns, dangereux. Pour elle la faiblesse n'est pas le mauvais vouloir, l'erreur ou l'aveuglement n'est pas la trahison. Sentinelle de l'avenir, ses yeux couvent l'avenir : car le présent n'est pour elle que l'éventuel, le transitoire, l'attente, la déception peut-être.

La loi de la Société du Bien public, c'est le respect de la propriété.

Toute propriété est sacrée. Le citoyen protège ce qu'assure le droit.

L'économie est la sauve-garde des républiques.

La conscience ne relève que d'elle-même et de Dieu. Les opinions sont libres, les discussions sont libres, les croyances sont libres.

La pudeur publique est le respect de soi-même et d'autrui.

Union, concorde, harmonie : une même loi, une même foi, un même but, là est le salut de l'empire.

Que chacun fasse son devoir; et la république nouvelle, la république de 1848, la république jeune, pure, sainte, s'épanouira dans ses splendeurs, comme le soleil sur le monde. La France a fait un pas; elle a dit **LIBERTÉ, ÉGALITÉ, FRATERNITÉ**, et d'un bout de la terre à l'autre bout, les peuples ont répondu : **LIBERTÉ, ÉGALITÉ, FRATERNITÉ**!... O jour des destinées!!!

BIBLIOTHÈQUE IMPÉRIALE
IMPR.
Règlement.

RÈGLEMENT

DE LA

SOCIÉTÉ DU BIEN PUBLIC.

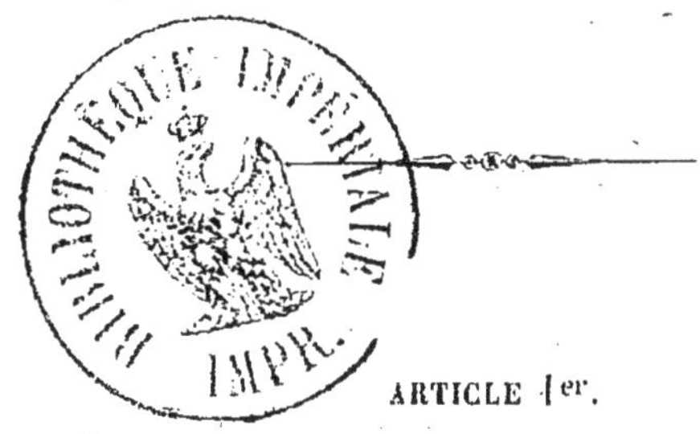

ARTICLE 1er.

Les citoyens qui se présenteront pour faire partie de la Société du Bien public devront être proposés par un de ses membres et appuyés par six autres membres.

ART. 2.

Les noms des postulants, des parrains et des répondants, resteront inscrits sur un tableau spécial pendant trois séances, y comprise celle de la réception ou du rejet.

ART. 3.

Le mode de réception sera le vote par oui ou par non, sans réflexions, sans débats, sans discussions.

ART. 4.

Nul ne pourra être admis s'il n'a obtenu les trois quarts nes suffrages.

ART. 5.

La présence des deux tiers, au moins, des membres composant la Société est nécessaire pour procéder aux réceptions.

ART. 6.

Les réceptions ne pourront avoir lieu qu'au commencement de la séance.

ART. 7.

Nul ne pourra faire partie de la Société, s'il n'est âgé de vingt-un ans.

ART. 8.

Nul n'assistera aux séances, en qualité de membre, s'il 'a subi les épreuves prescrites.

ART. 9.

Une contribution, qui ne pourra être moindre d'un franc par mois, et qui ne pourra dépasser un franc cinquante centimes, sera versée par le candidat, le jour de sa réception, entre les mains du Trésorier de la Société.

Néanmoins, les besoins de la Société l'exigeant, ou l'urgence des circonstances, une souscription sera ouverte, et chaque sociétaire sera libre d'y participer selon sa fortune ou selon son dévouement à la cause commune.

Art. 10.

Un diplôme, signé par le Président ou par le vice-président, et contresigné par l'un des Sociétaires et scellé du sceau de la Société, sera délivré à chacun des membres de la Société.

Art. 11.

Tout candidat, le jour de sa reception s'engage à dévoiler à la Société les abus de pouvoir, les dénis de justice, les prévarications, les empiétements sur le droit commun, les violations de la loi et les attentats aux libertés publiques qui parviendront à sa connaissance.

Art. 12.

Le droit commun est sa loi.
Sa devise : liberté, égalité, fraternité.
La souveraineté de la nation, sa foi.

Art. 13.

La Société du Bien public est représentée à son bureau, par :

Un président,
Un vice-président,
Deux secrétaires,
Un trésorier.

ART. 14.

Lorsque les circonstances le prescriront, des commissaires temporaires seront élus par la Société pour mener à bien la mission, quelle qu'elle soit, qui sera confiée à leur dévouement.

ART. 15.

Le bureau, le trésorier excepté, sera renouvelé à la première séance de chaque mois, selon le mode d'élection adopté pour les récipiendaires.

ART. 16.

Les membres composant le bureau ne pourront être, pour quelque cause que ce soit, continués dans leurs fonctions.

ART. 17.

Pour que les uns ou les autres, sous quelque titre que ce soit, puissent siéger de rechef au bureau, il faudra que deux mois au moins se soient écoulés depuis la cessation de leurs fonctions.

ART. 18.

Le trésorier seul, bien qu'il soit essentiellement amovible, peut conserver son mandat pendant six mois.

Il peut, au besoin suppléer les secrétaires.

ART. 19.

Le devoir du Président est de maintenir l'ordre dans l'assemblée,

D'y faire exécuter le réglement,

D'y accorder la parole, ou de la refuser selon l'occurrence,

De poser la question,

De résumer au besoin les débats,

De prononcer les arrêtés de la Société,

De porter la parole au nom de la Société,

Et de veiller avec impartialité et fermeté, au maintien des droits de chacun des membres de la Société.

ART. 20.

Dans l'absence du Président, le vice-président siége en son lieu et place.

Au défaut de l'un et de l'autre, la présidence appartient au doyen d'âge.

ART. 21.

Aux secrétaires de la Société, est dévolue la rédaction des procès-verbaux et des délibérations de la Société.

Ils sont encore chargés de l'expédition intégrale ou partielle des actes de la Société.

En outre, ils sont expressément tenus d'inscrire sur un double registre, le nom, le prénom, l'âge, la profession et le domicile des membres de la Société. Un de ces registres, durant la séance, sera déposé sur le bureau, tandis que l'autre restera confié à leur garde.

Ils seront pareillement dépositaires de tous les papiers qui pourraient se rapporter au but, aux travaux ainsi qu'aux affaires de la Société.

ART. 22.

Le Trésorier recevra la contribution mensuelle de chaque membre. Il pourvoiera aux dépenses de la Société. Il paiera ces mêmes depenses sur un mandat signé du Président et de l'un des secrétaires, jusqu'à concurrence des fonds qui seront entre ses mains, sans être obligé de faire aucune avance.

Il est chargé, en outre, des soins économiques tels que local, éclairage, chauffage, tables, siéges, registres, papier, encre, plumes, etc., etc., en un mot de tout ce qui est nécessaire à la vie de la Société bien et dûment constituée.

Le trésorier rendra compte de sa gestion à qui de droit, à la première invitation qui lui sera adressée.

ART. 23.

La Société du Bien public se réunira deux fois par semaine : le mardi et le vendredi. Ouverte à huit heures du soir, la séance, à moins d'un cas d'urgence, est close à dix heures.

ART. 24.

Le droit commun le commandant, la Société peut non seulement multiplier ses jours de réunion, mais encore se constituer en permanence.

ART. 25.

La séance ouverte, chacun reste assis.

Le silence est une loi; le silence, c'est l'ordre.

Les débats engagés, et dans la chaleur de la discussion, la sonnette est le signe du silence.

Celui qui persiste à parler malgré ce signe, est repris par le Président, au nom de la Société.

Art. 26.

Tout membre peut réclamer le silence et l'ordre, mais en s'adressant au Président.

Art. 27.

S'il n'a demandé la parole au président, aucun membre ne peut prendre la parole; et quand il l'a obtenue, il ne peut parler que debout, à sa place ou à la tribune, en s'adressant à l'assemblée.

Art. 28.

La liste des opinants est tenue par le Président, qui la suit rigoureusement.

Art. 29.

Dans le cas où plusieurs membres se lèveraient en même temps, le Président accordera la parole à celui qui le premier l'aura demandée; et si sa décision élevait quelques contestations, la Société prononcerait.

Art. 30.

Nul ne peut être interrompu pendant qu'il discute.

ART. 31.

Si un membre manque de respect envers l'assemblée, ou s'il se livre à des personnalités, le Président le rappelle à l'ordre.

ART. 32.

Si le membre rappelé à l'ordre refuse de se soumettre aux injonctions du Président, le Président peut lui ôter la parole, et même au besoin, réclamer et mettre aux voix son expulsion de la Société, selon le mode en vigueur pour les récipiendaires.

ART. 33.

Si un membre durant une discussion oubliait le respect que tout citoyen doit à la nation et à la république, ou s'il proposait une démarche contraire à la souveraineté du peuple, il sera rappelé à l'ordre.

ART. 34.

Nul ne peut sortir de l'assemblée durant le cours d'une délibération ou d'une discussion.

ART. 35.

Le droit de lever ou de prolonger la séance appartient au Président.

ART. 36.

Le Sociétaire qui sans cause valable, néglige ou refuse d'assister aux réunions de l'assemblée renonce implicitement à son titre de Sociétaire. Provoquer sa radiation, c'est le frapper avec ses armes.

ART. 37.

Quiconque par ambition, bassesse ou lâcheté, abjure, outrage ou foule aux pieds les devoirs que lui impose sa conscience et son titre de membre de la Société du Bien public, la Société du Bien public le déclare indigne.

Son indignité, le Président la proclame dans une assemblée générale; — et le nom et le signalement de l'indigne sont envoyés aux sociétés fraternelles, afin qu'il soit connu et que justice en soit faite.

ART. 38.

Les motions que provoque la Société doivent se rattacher dans leur intégralité aux bases fondamentales de la Société : le droit commun, la liberté, l'égalité, la fraternité, la souveraineté du peuple, la patrie, la république.

ART. 39.

Elles sont mises à l'ordre du jour par le Président.

ART. 40.

Dans un cas d'urgence, et bien qu'elle ne figure point à l'ordre du jour, tout membre a le droit de présenter une motion, pourvu qu'elle n'interrompe point le cours de la délibération, et que l'assemblée lui accorde son acquiescement.

ART. 41.

Toute motion, si elle est appuyée par six membres, sera mise aux voix. Le membre qui aura fait la motion, sera tenu de la développer ; — et le Président, après avoir consulté l'assemblée, prononcera soit l'ordre du jour, soit l'ajournement.

ART. 42.

Toute motion inscrite à l'ordre du jour, sera ou rejetée, ou ajournée, ou adoptée, sans qu'elle puisse être écartée par la question préalable.

ART. 43.

L'ajournement ne pourra être mis aux voix, qu'après qu'un assistant au moins aura été entendu, l'un pour, l'autre contre.

ART. 44.

Aucun membre, sans en excepter même l'auteur de la motion, ne pourra prendre la parole une seconde fois, tant que la liste de ceux qui l'auront demandée ne sera point épuisée.

ART. 45.

Pendant que l'assemblée discutera une motion, il ne pourra en être proposé aucune autre. Nul, s'il n'est inscrit sur la liste des opinants, ne pourra obtenir la parole, si ce n'est pour un amendement, ou pour demander un ajournement, ou pour un cas d'urgence.

Art. 46.

La discussion ne pourra être fermée sur une motion, qu'autant qu'un membre aura été entendu, un pour, un autre contre.

Art. 47.

Les amendements devront être appuyés par trois membres.

Art. 48.

Le sous-amendement sera mis aux voix avant l'amendement, et l'amendement avant la motion.

Art. 49.

La question sera divisée toutes les fois que trois mem bres le demanderont.

Art. 50.

Le Président, — comme Président—, n'a pas le droit de parler sur un débat. Son devoir, est d'expliquer le mode ou l'ordre de procéder dans les affaires mises en délibération, ou de rappeler à la question ceux qui s'en écartent.

Art. 51.

Lorsque l'assemblée juge qu'une motion est suffisamment éclairée, le Président consulte les voix ; — et nul membre alors n'a le droit de parler, si ce n'est pour dire que la question lui paraît mal posée.

ART. 52.

Toute motion sera acceptée ou rejetée à la majorité des suffrages.

ART. 53.

Les voix seront recueillies par levé et par assis ; — et, en cas de doute, sur la demande de six membres, le Président ou l'un des secrétaires fera l'appel nominal.

ART. 54.

Nulle motion importante ne pourra être décidée séance tenante, à moins d'un cas d'urgence, et lorsque l'assemblée se sera expressément prononcée à cet égard.

ART. 55.

Toute motion proposée par écrit, sera immédiatement transcrite sur un registre à ce destiné, et il sera libre à chaque membre de consulter ce registre.

Délibéré et arrêté à Angers, le neuf mars mil huit cent quarante-huit, le quatorzième jour de la première année de la République nouvelle.

LACAIL, CHARRIER, Auguste COURTEMANCHE, AYASSE, Félix DUVAL, Adolphe CHASTEAU, Charles MAINDROUT.

www.ingramcontent.com/pod-product-compliance
Ingram Content Group UK Ltd.
Pitfield, Milton Keynes, MK11 3LW, UK
UKHW021039200726
13857UKWH00005B/1824